I0449480

Alba Zeta
Letteratura, cinema e curiosità per
sopravvivere all'apocalisse zombie
collana saggistica

ISBN: 978-1-326-37121-0

© *2015 Barbara e Maria Teresa de Carolis*
Edizioni Imperium
www.edizioniimperium.com

Barbara de Carolis
Maria Teresa de Carolis

Alba Zeta
Letteratura, cinema e curiosità per sopravvivere all'apocalisse zombie

SAGGISTICA
EDIZIONI
IMPERIUM

Alba Zeta
Letteratura, cinema e curiosità per sopravvivere all'apocalisse zombie

1. Genesi di un mito: da Frankenstein a Brooks

La parola zombie evoca nel nostro immaginario l'idea di una creatura non morta, o meglio un morto vivente. Anche se l'espressione "morto vivente" appare come un ossimoro, di fatto non esiste altro modo per definire gli esseri che per magia, contagio o altre cause di cui poi parleremo, riprendono vita, una sventurata forma di non morte, che li imprigiona in uno stato di puro istinto, spesso famelico e aggressivo.

Nell'horror moderno lo zombie ha una accezione ormai ben radicata: è, per lo più, un morto vivente vittima di un contagio, non comunica ma attacca. Decine di tipologie affollano il fantastico, la letteratura ha influenzato la cinematografia e viceversa, contaminazioni creative hanno per decenni sovrastato il genere, imperando su altri "miti", generando un vero fenomeno sociale. La genesi sicuramente non risiede nella letteratura ma negli archetipi che si sono modellati nel tempo, assimilando culture e variazioni sul tema di carattere antropologico e di tradizioni diverse. Dall'Europa all'oriente, il mito del non morto muta forma e identità, si cristallizza in leggende che spaziano e viaggiano attraverso i continenti, si lega alle tradizioni popolari e trasmigra verso la letteratura e il cinema d'autore. Scavando nelle leggende di altri paesi e culture, si trovano demoni e creature incantate, spiriti vittime d'incantesimi che, tormentati, tornano dalla tomba per soddisfare e placare il loro strazio. Spesso sono ibridi tra non-morti e vampiri. Ogni leggenda appartiene a culture ed etnie diverse, ma i miti sono accumunati da un unico denominatore comune: l'insaziabile desiderio di restare ancorati ai vivi, per divorarli, per succhiargli il sangue-linfa, o per rubare loro l'anima. Tutto questo rappresenta l'impossibilità di anime dannate di passare oltre, incarnando quindi il mito del non-morto per eccellenza (zombie o vampiro che sia). Ci sono però nella genesi letteraria del mito del non morto interessanti varianti. Quella di Mary Shelley[1] è la forza ispiratrice di un genere horror inesauribile. In casa di Lord Byron nell'estate del 1816 nacque uno dei personaggi più incredibili della storia della letteratura mondiale: Frankenstein. Le trasposizioni cinematografiche hanno snaturato la creazione oscura di uno dei primi non morti, facendolo apparire come un ammasso di carne e poco cervello, insensibile e crudele. In realtà *"the being"* come è chiamato nel romanzo, ha un'anima, un cuore e una sensibilità, devastato dalla crudeltà di chi lo ha reso un mostro: si vota alla vendetta. Apparentemente poco ha a che fare con tutta la produzione moderna di storie, romanzi e film sugli zombie, seppure orienti la

---

[1] Mary Shelley Frankenstein Oscar Mondadori 1982.

bibliografia successiva verso intuizioni horror uniche. *The Being* è un morto riportato in vita, un essere che la mano dell'uomo utilizza come cavia, un insieme di parti inanimate assemblate in un essere mostruoso, consapevole però del suo stato e ben presto vittima egli stesso della sua malvagità.

2. Viaggio tra i Non-morti

Come già accennato, nel mondo numerose leggende si connettono alla figura del morto vivente che ritorna; sono figure mitologiche che sorprendentemente hanno molteplici aspetti in comune. Alcune sono conosciute, altre celate dietro le tradizioni più oscure e lontane. L'aspetto singolare è l'appartenenza alla cultura di popoli molto diversi tra loro che si ritrovano in archetipi aderenti alle figure attuali dei miti.

Nella tradizione norrena (scandinava e islandese) il morto vivente è il Draugr, anche chiamato Aprtrgang. È un *revenant* famelico e crudele, che torna sulla terra per cibarsi di carne, estremamente forte e spietato. Questa figura fa parte della mitologia vichinga già a partire dall'ottavo secolo, ma è nell'opera islandese Grettis saga Ásmundarsonar[2], risalente al periodo tra il 1200 e il 1300, che il Draugr diventa protagonista delle sventure di un anti-eroe. Grettis è un fuorilegge che combatte e sconfigge un Draugr e a causa di ciò è maledetto; il Draugr sottrae a Grettis la sua forza, condannandolo a una serie di infausti eventi. Un personaggio interessante con buone intenzioni, tuttavia, a causa della sua rabbia spesso compie azioni estreme.

Grettis non è un personaggio leggendario, la sua storia è reale, l'approccio con il quale però sono narrate le sue imprese nella saga è sovrannaturale. L'autore dell'opera è sconosciuto ma si suppone si sia ispirato al libro di Sturla Þórðarson, scrittore islandese vissuto nel XIII secolo. Il Draugr è un mutaforma, può trasformarsi in qualsiasi elemento, può visitare i sogni dei vivi facendoli impazzire, divorarli o succhiare loro il sangue. È un essere molto potente, lontano dallo stereotipo del morto vivente vittima di un incantesimo voodoo.

_____

[2] http://www.sacred-texts.com/neu/gre/

Contrariamente ad altri *revenant* teme poco la luce diurna e può oscurare, temporaneamente, il giorno. I poteri del Draugr[3] sono molti, tali da indurre nella tradizione del popolo norreno, svariati accorgimenti per impedire al morto di tornare: infilzare le piante dei piedi con degli aghi, per esempio, per impedirgli di camminare o alzare e abbassare la bara più volte, cambiando direzione, per confondere l'eventuale *revenant*. Sicuramente il metodo più efficace era quello di tagliare la testa, bruciare il corpo e spargere le sue ceneri sul mare. Nella tradizione norrena esiste anche *l'haugbui*, non morto incatenato però al suo tumulo, destinato per sempre ad assolvere la funzione di custode della sua stessa tomba, attaccando solo coloro i quali invadono il suo territorio.

Nella mitologia giapponese, *i jikininki* sono demoni divoratori di cadaveri. Spesso questi dèmoni sono gli spiriti di donne e uomini, privati della "opportunità" di un'esistenza più tranquilla dopo il trapasso. Continuano a vivere una mezza esistenza

---

[3] http://www.vikinganswerlady.com/ghosts.shtml

divorando i cadaveri. Un mito narra di un sacerdote dal carattere deciso che si chiamava *Muso Kokushi*: al suo cospetto, un giorno, mentre vegliava il cadavere di una persona, improvvisamente giunse un *jikininki* per divorare quel corpo, ma le preghiere del sacerdote liberarono l'anima che avrebbe dovuto essere preda del demonio. La leggenda dei *Jikininki* appartiene alle antiche scritture buddiste e sono anime appartenute a individui avidi e meschini, condannati da un maleficio a cibarsi di carne umana. Le sembianze di questi demoni sono molto simili alle rappresentazioni moderne dei non morti: corpo in decomposizione, con occhi infuocati e lunghi artigli. In alcune credenze i *jikininki* possono essere liberati dalla loro condizione di perpetuo vagare in cerca di cadaveri, con le offerte e i ricordi di uno spirito puro che non abbia commesso azioni scorrette e che abbia sempre rispettato la sua famiglia.

3. Il mito voodoo

È la tradizione haitiana a trasmetterci il mito del morto che torna in vita attraverso la religione voodoo e il rituale magico praticato a tale scopo. Nato in Africa in un periodo ancora lontano dalle moderne colonizzazioni si diffonde nelle Americhe dove gli schiavi vennero deportati intorno al 17° secolo. La forte componente di magia nera e superstizione costituì un ostacolo inaccettabile per la pressante influenza cattolica e nel tempo le due "dottrine" si fusero in vari modi e il voodoo, pur mantenendo ferme le secolari tradizioni magiche, contemplò l'esistenza di un Dio unico e supremo, un essere primordiale e irraggiungibile (ricordiamo che per questi schiavi non fu difficile inserire nuovi elementi, poiché il voodoo stesso era avvezzo alla mescolanza di varie tradizioni locali). Una delle tradizioni mantenute fu proprio quella del rituale per trasformare i morti in zombie praticata da stregoni che rendevano le vittime degli schiavi privi di coscienza. Spesso erano le persone del popolo, le più povere, a essere ridotte in schiavitù da figure senza scrupoli, come riportano le cronache dell'epoca del dittatore Duvalier[4] che nella Haiti degli anni '50 e '60 utilizzò lo strumento della magia e delle sue presunte doti paranormali per rafforzare il potere politico; non facendosi scrupolo di impiegare figure come quelle dei poliziotti stregoni che agitavano lo spauracchio della minaccia di essere in grado di trasformare gli oppositori politici in zombie. Duvalier si fece reggente assumendo le sembianze del Baron Samedì, il traghettatore dei morti nella tradizione voodoo.

A noi giungono anche le testimonianze della scrittrice antropologa Zora Hurston che pubblicò le foto e relative considerazioni sul caso di Felicia Felix Mentor, una donna morta nel 1907 e ricomparsa trent'anni dopo nelle sembianze di zombie. Nel 1937 la scrittrice dedica un libro *"Tell my horse"* alle sue esperienze in Haiti e in Jamaica dove per un lungo periodo ha vissuto e partecipato alla vita degli indigeni, approfondendo le conoscenze riguardo i

---

[4] http://www.latinamericanstudies.org /haiti/duvalier-dynasty.htm

rituali magici. Molti scienziati si avvicinarono allo studio di questi fenomeni dimostrando come l'impiego di droghe, più che di magia, riducesse i poveri sventurati in uno stato cerebrale puramente vegetativo. Tuttavia, sebbene sospesa tra mito e verità, la tradizione magica voodoo influenza l'immaginario collettivo fornendo spunto a scrittori fantastici per storie che hanno come protagonisti degli esseri che ritornano a vivere. Morti che camminano, individui privati della propria scintilla vitale, carcasse svuotate che vagano incoscienti alla ricerca di cibo; la filmografia del '900 offre una vasta carrellata di storie e variazioni sul tema che col tempo mescoleranno e trasformeranno le fondamentali peculiarità dei riti creoli con le storie di radici diverse in un unico mito: quello del morto vivente.

Nel libro di Dario Buzzolan[5] i morti viventi sono paragonati ai Body snatchers dell'invasione degli ultracorpi di Don Siegel, corpi svuotati appunto; ma perché?

---

[5] George Romero. La notte dei morti viventi Dario Buzzolan, lindau Collana Universale Film 2009.

Il parallelo è semplice: nella cultura haitiana una delle fatture più note dei Bokor è il furto del Gros Bon Ange e la successiva schiavitù sotto forma di Zombie. Colui che ne è colpito appare in un primo momento morto e viene quindi seppellito. Dopo qualche giorno il Bokor ritorna per prendere il corpo e per costringerlo a fare lavori manuali, in una sorta di controllo mentale. Secondo la leggenda, lo stregone deve cavalcare all'indietro fino alla casa della vittima, recitare alcune parole magiche e "succhiare" da una fessura della casa l'anima del malcapitato, sputandola poi in un contenitore. Il giorno seguente, la vittima non si sveglierà dal sonno e verrà seppellita come morta; lo stregone stapperà il contenitore e il "profumo" dell'anima risveglierà il corpo della vittima, la quale, da quel momento, sarà agli ordini dello stregone. Il corpo quindi diventa il mezzo attraverso il quale realizzare i propri voleri.

4. Gli zombie nella letteratura mondiale

La prima produzione letteraria pur affrontando il tema del morto che rivive, resta ancora legata alla pratica magica mantenendo elementi che volgono a rappresentare questi esseri come creature deambulanti, vittime più di forze oscure, prive dell'istinto famelico e assassino che invece sarà il punto fermo della produzione cinematografica sugli zombie degli anni '70. La letteratura che ha come protagonisti i non morti è vasta e ha regalato agli appassionati del genere vere perle di scrittura. Ne l'Estraneo di Lovecraft del 1921 un uomo vaga inconsapevole della sua nuova forma, tra angosce ancestrali e fluttuanti consapevolezze, una figura senza memoria, senza tempo che trova risposte in uno specchio, sospeso in un luogo popolato dai vivi e rivelatore del suo stato di ripugnante morto vivente.

Robert E. Howard nel capitolo "Le colline dei morti" de I Figli di Asshur conduce il lettore in luoghi lontani dalla cultura occidentale, dove lo spadaccino Solomon Kane incontra antiche e demoniache creature non morte; è il 1930. Passando a una produzione gradualmente sempre più vicina all'attuale idea di morto vivente (ma non ancora "definitiva" così come la si conosce oggi) Stephen King con Pet Sematary del 1983 segna un altro step evolutivo nel genere. Un cimitero sorto su un terreno che può ridare la vita ai defunti… ne genera mostri spietati e bramosi di uccidere.

La letteratura muta, di fatto, sensibilmente, quando Romero introduce la sua idea di zombie segnando uno spartiacque con la visione precedente, ridefinendo l'identità dei morti viventi. Le sue creature vagano senza meta, spinte da un'insaziabile bisogno di carne umana, sono tante e si muovono lentamente diventando forti e terribilmente aggressive di fronte alla preda. La narrativa dunque segue le linee guida tracciate da Romero e il culmine dell'ancestrale paura di un'apocalisse zombie viene magistralmente raccontata nel 2006 nel libro W.W.Z. da Max Brooks. Ma gli Zombie di Brooks, sono diversi, organizzati, un'evoluzione di specie, predatori strategici, fortissimi e svelti, lontani dall'indolente morto vivente romeriano. Gli zombie veloci del regista Danny Boyle nel 2002, infatti, conquistano il pubblico guadagnandosi il loro spazio nella ridefinizione di idea di zombie. Ancora una volta la cinematografia influenza la narrativa e nel film *La Terra dei Morti viventi,* anche Romero cede alla mutazione di genere, strutturando l'infezione zombie come una invasione e non più soltanto un contagio, i suoi zombie possiedono una forte indole antropica.

Crea un personaggio leader che incarna l'aspetto tipicamente umano della prevaricazione, esprimendo appieno il desiderio di colonizzare e appropriarsi dei luoghi abitati dai vivi.

5. Morti viventi protagonisti del panorama Horror

Nei primi film a partire dagli anni '30 rivive il mito del morto ricondotto in vita mediante rituale magico. Il primo film della storia della cinematografia zombie, se così si può definire, fu White Zombie, del 1936;

i caratteri rituali della tradizione voodo haitiana in questo film compaiono. È l'inizio di una tradizione horror destinata a mutamenti e sviluppi. Sino al 1968 una serie di *movie* a tema imperversano nella scena horror tradizionale, i morti viventi rappresentano lo schiavo vittima di incantesimi di maghi senza scrupoli, ma quando George A. Romero debutta con la sua Night of the Living Dead, la musica cambia; scene di cannibalismo si sostitui-scono al mito dello schiavo non morto. È necessario infatti aspettare il genio di Romero per incontrare, sul grande schermo, gli zombie attuali: assassini, spinti da un irrefrenabile impulso a nutrirsi di carne umana, insaziabili e dotati di un istinto che li spinge a mordere continuamente e senza sosta.

E con la nuova raffigurazione dei morti viventi, cambia anche il ruolo degli umani: braccati e ridotti di numero, costretti a ingegnarsi per sopravvivere, a lottare con ciò che resta di un'umanità mutata, scoprendo che l'unico punto debole dei morti viventi è il loro cervello. È con Romero, dunque, che gli zombie si trasformano in morti viventi, in creature vittime di contagio e non di rito magico.

Nello scenario cinematografico è indubbio che Romero abbia avuto il posto d'onore nel trattare l'argomento. Molte le varianti sul tema contagio. Poco prima di Romero The Plague of Zombies del 1966 rappresenta ancora il mito magico voodoo spezzato e frammentato in orde di non morti da infezione; ecco che il mito si mescola alle leggende non solo haitiane. Per esempio Sam Raimi con la sua trilogia della Casa, unisce i miti bokor e i contagi Romeriani: posseduti non morti che a causa del Necronomicon infettano i vivi. La soglia per evitare il contagio è sottile, e questo è un palese parallelo con i riti voodoo, nei quali facendo mangiare del sale agli zombie li si liberava dell'incantesimo che li teneva incatenati allo stregone. Il necronomicon, ossia libro dei morti, è uno pseudobiblion, un libro inventato a scopo narrativo. Il primo autore a parlare del Necronomicon è Howard Philip Lovecraft nel racconto breve Il cane (the hound) pubblicato nel 1924[6], nel quale due giovani

---

[6] H.P.Lovecraft Tutti i racconti 1897-

scoperchiano una tomba trovando un ciondolo dai poteri demoniaci. Il libro in questione, sempre nella finzione letteraria, era stato scritto da uno stregone pazzo Abdul Alhazred, vissuto nell'ottavo secolo nello Yemen.

6. Romero, Raimi e Rodriguez tre R per un mito

"I morti ti prenderanno Barbara... ti prenderanno." Night of the living dead rappresenta l'inizio di una nuova era nella cinematografia horror, non solo per l'originalità della regia, l'estetica sottile e raffinata di un bianco e nero sbiadito, i piani sequenza lunghi, l'inseguimento tenace del primo morto vivente della sua carriera... ogni inizio, seppure con perdonabili ingenuità, ha in sé la perfezione del primigenio. In questo film Romero attinge alla sua meravigliosa poiesi, concependo il mito, il primo di una lunga serie, del morto vivente per eccellenza. Un

1922 Fuori Collana Club degli editori 1993.

panorama silente, con pochi accenni umani e ambientazioni già distorte dal malanno.

Il contagio è ormai una realtà, senza tante spiegazioni, senza premesse, sin dai primi fotogrammi si intuisce che la terra è un tumulo, il sepolcro infetto di corpi vaganti e affamati. L'archetipo del "morto vivente" viene raffigurato nella intuizione romeriana dell'infezione. Il danno apparentemente è circoscritto, l'evento si sviluppa in un piccolo paese, dove la fuga permette di osservare la campagna, il cimitero isolato e gli spazi intorno. Ma si avverte che qualcosa di più grande sta accadendo; il contagio è inspiegabile e non si torna indietro, si deve scappare e difendersi a ogni costo. Il bianco e nero ridisegna una storia già nota ma mai rappresentata con tanta forza.

Ci sono tutti gli aspetti dell'apocalisse: la solitudine, la fuga, l'incertezza del futuro, l'egoismo che viene comodamente tradotto come "sopravvivenza", la solidarietà di spiriti coraggiosi, insomma è un approfondimento sociologico di una ipotetica, mai banale, idea di mondo che si sta polverizzando a causa di un morbo. Il morbo è tragicamente immediato, lo spunto rende realistico un contesto dove gli umani, come sempre, lottando per la propria sopravvivenza, devastano quel poco di solidale ed empatico che potrebbe salvarli o redimerli addirittura. Ci sono sì, in questo panorama di degrado, individui che alimentano la fiammella dell'altruismo, regalando finalmente una flebile speranza di sopravvivenza spirituale; ma è fuori di dubbio che in una situazione di apocalisse zombie l'umano è, spesso, il vero nemico da cui scappare. Con Sam Raimi, geniale regista americano, il mito del non morto si fonde con la genesi dello pseudobiblion di Lovecraft, tingendo di grottesco il canone cinematografico che sino ad allora, relegava l'horror in un angolo buio e mai ironico della tradizione filmica. È infatti nel 1981, con *The Evil Dead*, che inizia il filone della Casa, trilogia che nel futuro verrà arricchita da *The Evil Dead II – Dead by Dawn*, del 1987 e *Army of Darkness* del 1993. Raimi utilizza soprattutto le qualità comiche ed espressive del suo amico attore Bruce Campbell per creare un film inscindibile dall'"Eroe" che lo interpreta.

Tutto si basa sulla magia, l'evocazione, si torna quindi nella casa dei riti e dei malefici… "Compio oggi il ciclo di sette volte sette notti di meditazione sul tempo. Prendo ancora una volta la droga di Tikkoun28, brucio i profumi e canto le invocazioni" queste le parole di un passo del Necronomicon pronunciate da Abdul al Alzreq[7], il personaggio frutto della fantasia di Lovecraft, ma sul quale ancora esiste il dubbio sia esistito realmente. La sua esperienza nel mondo dei morti è simile al viaggio sciamanico di Carlos Castaneda, la frenesia della conoscenza e della curiosità che spinge l'individuo oltre i confini della materia. Con la trilogia della *Casa* Sam Raimi approfondisce il tema della magia, fondamentale incastro per una storia che si connette perfettamente con ogni mito precedente.

Nel 2007 Robert Rodriguez scrive e dirige il film splatter Planet Terror. In perfetta coerenza con i B movie anni '70, la storia si sviluppa intorno a un tragico evento: un gas utilizzato dai militari, e

---

[7] http://www.esolibri.it/testi/grimori/grim%20ita/Necronomicon%20bis.pdf

conosciuto come DC-2, viene volutamente rilasciato nell'aria diffondendosi in una cittadina popolata da squallidi individui che a poco a poco si trasformano in infetti famelici dai quali non resta che fuggire. I dialoghi sono banali e volgari e i protagonisti se ne servono per definire ed esaltare il loro ruolo nella dannata storia. Il film è un omaggio al genere horror, una chicca dagli effetti speciali apprezzabilissimi e ben enfatizzati.

7. Intossicazioni zombie

La cinematografia mondiale ha offerto generosamente grandi spunti all'argomento apocalisse di contaminazioni da guerre batteriologiche. Anche nella storia dei cult anni '70 italiani troviamo film di genere interessanti seppur ingenui nel loro sviluppo. Uno di questi è sicuramente *Paura nella città contaminata*, di Umberto Lenzi, fantastico B movie di stampo classico che ripercorre la genesi dell'infezione "radioattiva". Facile ricondurre l'infezione da radiazioni a memorie ben lontane dalla fantasia, come lo spettro delle'olocausto nucleare tanto temuto durante la guerra fredda. Guardando un film horror dove contaminazioni devastano l'intera umanità, generando un deserto dal quale emerge soltanto un'unica certezza, la fine, si può realizzare che il parallelo tra finzione e realtà è molto sottile e la possibilità di una ecatombe è qualcosa di concreto. La radiazione, intesa come infezione, non è fantasia, l'apocalisse non è un mito e il pericolo diviene l'impellenza per il genere umano di comprendere che la vita è preziosa e fragile.

In *28 settimane dopo* diretto da Juan Carlos Fresnadillo, prodotto da Danny Boyle[8], sequel di *28 giorni dopo,* gli Zombie sono esseri velocissimi, predatori ai quali è difficile sfuggire, ma nello scenario di un mondo completamente da ricostruire è evidente una falla, là dove l'essere umano non è in grado di mutare in funzione di una realtà completamente rovesciata. I militari diventano gli "eliminatori" di un problema e non più i difensori dei pochi superstiti.

---

[8] "28 settimane dopo" regia di Juan Carlos Fresnadillo.

Nella scena del film dove una massa di individui sfugge disperata agli zombie che si moltiplicano inarrestabili, i militari abbandonano in fretta la possibilità di salvare anche solo pochi umani, sacrificando la loro promessa iniziale al più facile ordine di sopravvivenza selettiva: la loro. Colpiscono quindi indistintamente ogni bersaglio mobile, stragisti del potere in divisa che con l'ultimatum del codice rosso si nascondono dietro dei monitor. I superstiti divengono predati, vittime di un'ipotesi di contagio; lo spettro dell'infezione investe dell'autorità di eliminare e allora il mondo si degrada sotto la gravità di azioni crudeli e senza ritorno. La contaminazione in questo caso provoca ben due tragedie, la fine quasi certa del genere umano e la più grave tra le due, la fine dell'umanità, non intesa come specie ma come indole. Sebbene con questo termine non si possa definire un sentimento, dal momento che in vece dell'*umanità* si sono commesse ogni sorta di efferatezze, vogliamo trasgredire e restituire al termine in questione la forza e la capacità empatica di cui alcuni individui umani sono capaci.

8. Sopravvivere agli umani nel pieno di un'apocalisse Zombie

Molti manuali si interessano a tecniche di *surviving,* a come realizzare armi da un tavolino o da un'altalena, come usare elettrodomestici per autodifesa, a come schivare morsi o attacchi di morti viventi affamati, a come nascondersi per evitare di fare parte della moltitudine di infetti che invadono il mondo. Ma... dagli umani come ci difendiamo? È ormai consuetudine di quest'era costellata di sciagure, immaginare un mondo che volga alla fine, un insieme di devastanti risultati, effetti irreversibili dell'incoscienza umana. Possiamo parlare di contaminazioni nucleari, di armi biologiche, di Global Warming o di malattie incurabili, qualunque sia la causa, la sopravvivenza diventa l'imperativo cui appellarsi, sperando di avere le membra sane e in energia per sostenere anni, forse decenni di lotte senza tregua. Nel romanzo del 1954 *I am a Legend,* Richard[9]

---

[9] I am a Legend" di Richard Matheson, pubblicato in Italia da Fanucci nel 1957 col titolo "I

Matheson, celebrato quanto clonato scrittore, cui molti autori cinematografici si sono ispirati e che ha dato inizio a un intero genere post catastrofe, un unico individuo rimane solo contro la popolazione di mutanti vampiri che solcano una terra desolata. Seppure vampiri e non zombie, il parallelo può essere efficace, perché si incastra perfettamente con l'idea di post apocalittico causato dall'umano. In realtà ogni malattia, ogni infezione o catastrofe naturale può avere come causa scatenante l'incuria e, per usare un eufemismo delicato, una "disattenzione" ai veri bisogni della Terra e dei suoi abitanti tutti. Ecco che la causa stessa del male, l'essere umano, diviene irrimediabilmente la sorgente del perdurare di una condizione malsana. Se parliamo d'infezione, di contagio e d'invasione zombie sicuramente dovremo imparare a convivere con una realtà fatta di certezze transitorie e di spirito di adattamento, con l'aggravante però di non poter assolutamente riporre fiducia in chiunque, senza una ponderata osservazione dell'altro; per *altro* intendiamo nostri simili

---

vampiri".

non contagiati. Si dà per scontato che degli zombie non ci possiamo fidare, giusto? La fiducia nel trovare compagni di sventura potrebbe tramutarsi in sciagura.

Tornando al protagonista del romanzo di Matheson, è la figura eroica dell'umano contro tutto e soprattutto tutti. Il suo scopo non è solo quello di sopravvivere, il suo scopo è la vendetta, dedicando le sue forze a "mondare" la Terra dalla sozzura dei contagiati. Si affaccia sulla visione moderna dell'eroe antico, dei grandi Classici, l'eroe coraggioso che dedica la propria esistenza a un unico scopo: la giustizia. Sicuramente legato alla sofferenza e al legame con il contagio che le conseguenze di questo hanno portato nell'esistenza del protagonista, rimasto solo con i suoi ricordi, ravvivati soltanto da filmini e foto, piccole lapidi terrene che alimentano un fuoco di rabbia e dolore nei confronti dell'iniquità che l'ha privato suoi dei cari, per sempre. Il motore dell'eroe si alimenta con i ricordi e il corpo diventa il tramite per un cambiamento, quanto la speranza di trovare qualcuno ancora vivo che possa rendergli la fiducia nel mondo, forse nell'umanità. Il desiderio di unirsi ad altri sventurati nel momento critico di un'ecatombe senza ritorno è istintivo e porta gli umani a cercarsi. Questo però potrebbe essere motivo di leggerezza, d'imprevidenza insomma. Per sempre.... Questa parola suona come una tomba immensa e grave, verso la quale l'eroe in solitudine combatte. Perché l'ineluttabile spaventa e la rassegnazione è scalzata da un seme di furore che sostituisce l'immobilità con un'energia incontenibile e violenta di rivalsa e di vendetta.

Prepararci a essere umani migliori ci aiuterà sicuramente a essere dei *survivor* impeccabili. Non che si parli di tecnica né di attitudine, bensì di coraggio e consapevolezza, qualità che sì contribuiranno alla permanenza in un mondo devastato dal contagio. L'ecatombe offusca la mente e le azioni, così da convincere la maggior parte degli umani che, in situazioni di emergenza e disastro, sempre meglio attaccare che essere attaccati; essere "umani" può voler significare tante cose: combattere per il territorio e il cibo, sopraffare i deboli perché tanto se non lo facciamo noi, lo fa qualcun altro, agire sotterraneamente per ottenere il massimo, pensare solo alla propria sopravvivenza e ai propri bisogni. Però si può anche considerare di sovvertire queste induzioni sociali, rovesciare la convinzione che per sopravvivere si debba rubare, uccidere, violentare. La sopravvivenza non è relegata alla soddisfazione di bisogni primari che prepotentemente ci permettano di installarci nel panorama lugubre di una ecatombe. Allora non si parla nemmeno di sopravvivenza; tecnicamente la "sopravvivenza" è un termine medico riferito al periodo residuo di vita che rimane dopo la diagnosi di una malattia. In questo caso la malattia è la fine di un'era, il cordoglio naturale che spetta all'umanità dopo millenni di abusi ambientali. Ecco perché considerare il vero cambiamento può stabilire una nuova epoca di risanamento e costruzione. Anche se potrà sembrare una sorta di sermone, l'idea di mutare i comportamenti tipicamente umani di rivalsa e violenza diventa il vero balsamo al contagio inarrestabile.

9. Dai fumetti alla Tv
The Walking Dead il fenomeno

The Walking Dead, la prima serie televisiva a tema zombie che invade l'intero globo, nasce come fumetto dall'estro di Robert Kirkman e nel 2010 è trasformata in una delle serie più seguite al mondo. Prodotta dalla Fox, prima di approdare alla televisione, compare sul web con sei puntate di tre minuti ciascuna con il titolo di *The Walking Dead: Torn Apart*, nelle quali la genesi della serie vera e proprio prende corpo. È un esempio eclatante di grande risonanza. Il protagonista Rick Grimes, in seguito a un incidente, cade in coma e al suo risveglio l'ecatombe è già in atto. Inizia per lui una lunga avventura per ritrovare la sua famiglia e i personaggi che via, via diventeranno il cardine della storia, si incontrano lungo la strada. Un mondo devastato da un virus aereo, che ha contaminato ogni singolo essere umano; il virus, infatti, è presente nell'organismo e viene attivato o al momento del decesso o in seguito ad attacco zombie (morso, per intenderci).

La visione del mondo in preda a questo scempio è oscura e gli umani sono – al solito – vittime loro stessi dell'avidità, della rabbia, spesso della crudeltà. Rick è il classico eroe che diventa leader di un gruppo di umani, ben organizzati e soprattutto uniti, che sfidano continuamente, non solo i Vaganti che affollano la Terra e dai quali imparano ben presto a difendersi, ma anche l'umanità che si è trasformata in un virus più potente della piaga zombie stessa. Umani che violentano, uccidono e si cibano dei loro simili. Nell'illusione della sopravvivenza a ogni costo, molti di loro si sono trasformati in esseri spietati e senza morale.

The Walking Dead è l'evoluzione di un fenomeno sino a poco tempo fa lontano dalla televisione, che nasce da un interesse sempre più grande da parte del pubblico. In poco più di cinque anni la serie è arrivata alla quinta stagione.

Nel 2013 è nato un videogioco ispirato dal telefilm dal titolo *The Walking Dead: Survival* Instinct, mentre nel 2012 il fumetto ha ispirato il videogioco a episodi *The Walking Dead*.

10. Voodoo e Blues
dissertazioni magiche a suon di musica

Tra il secolo XVI e il XIX dall'Africa furono deportati circa 12 milioni di schiavi. Esseri umani, strappati alla loro terra, stipati in navi da carico e trasportati per essere poi scambiati o venduti. Con l'aumentare delle colonie americane s'intensificò anche l'esportazione di schiavi soprattutto dalla costa denominata "Costa degli schiavi", tra la foce del Niger e il regno del Dahomey, che si affaccia sul Golfo di Guinea. Dalla seconda metà del '600 le colonie europee (francesi e inglesi soprattutto) si erano così estese da dover ricorrere sempre più all'utilizzo di schiavi. Piantagioni di tabacco, cotone e zucchero richiedevano una forte manodopera e ciò continuò sino al 1815, quando la tratta fu abolita. Da questo periodo doloroso quanto oscuro della storia americana si fortificò lo spirito religioso ed esoterico del popolo africano, sottomesso e abusato ben oltre la seconda metà del secolo scorso. La religione diventa l'identità di un popolo sradicato che con tenacia continua a comunicare con l'Africa proprio con i riti magici. E qui ci si collega al voodoo.

L'argomento "morti viventi", si presta a divagazioni: dalla letteratura al cinema, dai miti africani alle leggende frutto di contaminazioni etniche. Spesso le forme espressive si fondono tra loro, generando incredibili e originali effetti. La musica blues è fortemente connessa con la magia, come fenomeno culturale di origine africana e sostenuto dai ritmi dei riti voodoo che lo accompagnano. Il blues assume il significato di dolore, di malinconico canto di memorie lontane, la forza dell'africa che si propaga nelle note dei canti di lavoro. Non solo. Al blues sono legate le leggende africane importate e protette come patrimonio di un popolo. Il blues nasce intorno al 1870, dall'arcaico moan (lamento) al cry (urlo), asemantiche forme magmatiche di approccio musicale. In contemporanea al ragtime il blues prosegue la sua strada verso forme più strutturate. Il blues è il canto feroce di una realtà sociale, i neri ormai "liberati" dalla schiavitù rimangono nella condizione di reietti ai quali viene negata l'integrazione e la possibilità di un lavoro[10]. Proseguendo la sua strada verso una più grande divulgazione, è con la famosa Chess Record che i grandi del blues finalmente possono avere uno spazio.

I tempi cambiano e, seppure lontani dalle radici africane e dalle memorie di magie oscure, i grandi del Blues restano ancorati ai miti delle loro origini. Una delle più famose canzoni scritte da Willie Dixon e cantate da Muddy Waters parla di feticci, di presagi, di magia "(I'm Your) Hoochie Coochie Man". Ironica canzone che riprende il tema della stregoneria. La canzone narra la storia di un uomo che ama l'alcool e le donne e che pratica la stregoneria (in gergo Hoochie coochie è proprio colui che pratica il voodoo). Nel brano sono presenti tanti simboli magici: l'osso di gatto nero, il mojo, ossia un amuleto portafortuna formato da un sacchetto nel quale mettere vari oggetti, spesso legati al sesso femminile, e John the

---

[10] Le parole del Blues. Dalle pianure del Delta i testi dei più significativi canti "neri" a cura di Angelo Giardinelli, Polo Books 2002.

Conqueror, ossia il tubero Ipomoea jalapa, contenuto nel mojo…

I got a black cat bone
Lord I got a mojo too
I got little John, the conqueror.

Altra canzone, sempre di Muddy Waters, evidentemente ispirata a temi magici è "Got my mojo working", dove il mojo/feticcio diviene l'organo sessuale maschile; come non ricordare poi la famosa "Voodoo child" di Jimi Hendrix, che peraltro affermò di essere stato folgorato dal primo chitarrista mai ascoltato, Muddy Waters appunto.

Il blues incarna la vena magica del popolo nero, il flusso culturale dal quale mai allontanarsi e con ironia offrirlo, per rivalsa forse o per il semplice desiderio si resistere alla sopraffazione bianca, alla violenza di essere stati strappati alla loro terra e mantenere forti le radici che l'America aveva tentato inutilmente di spezzare, annegandole nell'oceano che separava gli africani dalla loro madre. Di leggende il blues ne è pieno e di Robert

Johnson, chitarrista e compositore cardine del genere, si narra fosse persona stramba e legata al Diavolo. Nato nel 1911 inizia giovanissimo a suonare la chitarra ma senza grandi risultati e si racconta che incontrò il diavolo facendo un patto con lui proprio attraverso un rito voodoo, da lì in poi la sua carriera prese il volo; pare inoltre che avesse l'abitudine di suonare nei cimiteri. Morì, dicono, avvelenato da un marito geloso. La musica rappresenta tutta la memoria di secoli dolorosi, dando vita a fantastiche melodie immortali. Johnson nelle sue canzoni parla di magia, di demoni, di cose oscure (Crossroad Blues, Me and the Devil Blues).

So my old evil spirit
can catch a Greyhound bus and ride
(Crossroad 1936)
When you knocked upon my door
I said, Hello Satan,
I believe it's time to go (Me and the
devil blues 1936)

Un aspetto interessante è che le canzoni più importanti di Johnson e divenute immortali furono scritte nel '36, 3 volte il numero 6, un caso?

Il diavolo è il demone evocato con un rito magico, la musica racconta una realtà di sofferenza dove la magia diventa l'unico modo per sopravvivere. Il blues disegna con forza la strada profonda e misteriosa di un popolo martoriato. In tutto questo i "nostri zombie" banchettano tra le rive del Mississippi al suono del cosiddetto Blues del Delta, e le note si diffondono, disperdendosi in ogni genere di musica a venire.

11. Il potere del cinema

È necessario considerare l'evidente influenza della produzione letteraria e cinematografica nell'immaginario collettivo, al punto da pensare e valutare seriamente la possibilità di un'apocalisse zombie. Non a caso il governo americano - che ha sempre una risposta per tutto - ha preparato un piano d'azione militare: il Conplan 8888[11], nel quale il Pentagono,

---

[11]http://www.cubadebate.cu/wp-content/uploads/2014/05/CONPLAN-8888.pdf

facendolo passare per un'esercitazione strategico-tattica, ipotizza un'apocalisse zombie, attuando azioni elastiche adattabili alle diverse tipologie di zombie. Il piano è datato 30 aprile 2011.

La lista ne comprende otto: *Pathogenic Zombies (PZ)*, creati da un'infezione virale o batterica; *Radiation Zombies (RZ)*, causati dall'esposizione a forti dosi di radiazioni; *Evil Magic Zombies (EMZ)*, creati da un qualche tipo di magia nera; *Space Zombies (SZ)*, ovvero zombie provenienti dallo spazio, o derivanti da contaminazione di sostanze tossiche o radiazioni di origine extraterrestre; *Weponized Zombies (WZ)*, creati a scopo bellico con tecnologie biologiche o biomeccaniche; *Symbiant Induced Zombies (SIZ)*, infettati da un organismo simbionte; *Vegetarian Zombies (VZ)*, creature sfortunate, che non rappresentano un pericolo per l'uomo poiché si nutrono unicamente di vegetali; *Chicken Zombies (CZ)*, ovvero galline zombie[12]. Le

---

[12] http://www.foxnews.com/story/2006/12/05/zombie-chickens-causing-debate-over-fate-older-chickens-in-california.html

cosiddette galline zombie, furono in realtà il risultato di eutanasie mal riuscite; in uno dei tanti allevamenti lager, siamo nel 2006, le galline ovaiole non più in grado di "produrre" il dovuto, furono uccise in massa costrette a inalare anidride carbonica in un ambiente chiuso, e poi seppellite. La crudele operazione non riesce e le galline, in uno stato di deambulante incoscienza, iniziano a liberarsi dalla sepoltura.

Il manuale che razionalizza e struttura piani di azione militari nell'eventualità di un disastro, contiene anche istruzioni per i civili e per indicargli quali tattiche attuare per sopravvivere.

12. Sopravvivere e difendersi
Ovvero approccio ironico alla soprav-vivenza

Come premessa a questo capitolo non poteva mancare un cenno a uno dei migliori film degli ultimi anni sugli zombie: "Benvenuti a Zombieland" diretto Ruben Fleisher. Il film, del 2009, è stato un vero successo, con Woody Harrelson e il cameo di Bill Murray, è un manuale accuratissimo di sopravvivenza al disastro. È un viaggio durante il quale il giovane protagonista vuole raggiungere Columbus nell'Ohio per scoprire se i suoi genitori sono ancora in vita. Durante il percorso incontra Woody Harrelson, incredibile *zombie hunter*; le occasioni per imparare a difendersi sono tante. La componente ironica è fondamentale per esorcizzare la paura e per rendere il viaggio un'opportunità per capire come convivere nell'ecatombe. Interessante spunto anche per apprendere le regole primarie di conservazione.

13. Ipotesi

Contagio

Le cause possono non essere influenti: cibo, acqua, esperimenti chimici di laboratorio, radiazioni, residui tossici, qualsiasi sia la forma di contagio tenetevi pronti.

Mega Voodoo

Gli stregoni sudamericani e africani

creano una confraternita contro le popolazioni occidentali, un incantesimo che renda zombie milioni di individui. Gli stregoni stanchi della arroganza e prepotenza nei loro confronti attuano il piano Z. L'oppressione che gli africani sono stati violentemente obbligati a sopportare pone le radici per il piano di "eliminazione occidentali superbi" il cosiddetto EOS.

Zombie dallo spazio

Arrivano alieni zombie da non sappiano bene quale pianeta. Attenzione! Sono organizzati. Alieni zombie che decidono di colonizzare il nostro pianeta. Siamo nel pieno di un'invasione spaziale, a nulla valgono le armi terrestri, gli zombie alieni sono resistenti a qualsiasi pallottola e soprattutto hanno più cervelli, quindi spargargli in testa non risolve il problema.

Complotto governativo

Sulla terra gli umani iniziano a diventare troppi, così i Governi dei paesi che decidono il destino economico del globo, impiegano le loro forze ideando un piano selettivo di eliminazione di massa; si decide in base al momento storico, all'economia, alle guerre, dove propagare un virus che possa ristabilire un "equilibrio" sul pianeta.

Campanelli d'allarme

Se notate comportamenti insoliti, movimenti di mezzi militari, aviazione, carri armati, boom sonici, vicini che corrono al supermercato svuotando gli scaffali dello scatolame, che riempiono la macchina di cibo a lunga conservazione, la vicina ultraottantenne intenta a saldare le finestre e ogni possibile accesso alla sua dimora, svegliatevi! Siete nel bel mezzo di un'apocalisse zombie: cosa stavate facendo nel frattempo? Da questo momento in poi, una volta presa consapevolezza datevi da fare… come? Ve lo diciamo noi.

Lista

Cominciate a fare scorte di cibo, non sappiamo quanto durerà.

Acqua in bottiglia, scatolame, prodotti a lunga conservazione, semi da poter piantare (ortaggi e varie), candele, batterie, medicinali antidolorifici, antibiotici ad ampio spettro, medicazioni, disinfettanti, nastro isolante, fiammiferi.

Sparachiodi, chiodi, legno per rinforzare le vostre abitazioni, saldatore per idraulici, acido (se non avete niente di meglio e avete tempo da perdere, aspettando che l'acido corroda la testa dello zombie), machete, katane, mazze da baseball, qualsiasi oggetto appuntito e che possa essere maneggiato ad una adeguata distanza di sicurezza.

Nascondersi
A casa vostra adesso è pieno di cibo e scorte, la vostra dispensa ben organizzata, pensiamo a difenderci. Se siete in città siete spacciati quindi o vi trasferite in campagna, oppure peggio per voi. Le città si trasformano rapidamente in formicai di zombie, troppi umani, troppe poche vie di fuga, spazi angusti.

Inoltre, nelle zone di campagna non sarà difficile trovare un emporio agricolo o un grande rivenditore di ferramenta, il massimo sarebbe un negozio di caccia e pesca: saccheggiatelo! Se poi siete vegetariani o vegani (e di conseguenza contro la caccia e la pesca) e il proprietario si rifiuta di consegnarvi le armi…

Barricarsi in un luogo sicuro. Se casa vostra non è adeguata e vivete in una roulotte, o in una tenda da campeggio o in una casa giapponese, forse è il caso di trasferirsi, è sicuramente il momento giusto per un bel trasloco. E se ancora siete in città, e non dite che non vi abbiamo avvertito, muovetevi, cercate un rifugio sicuro, pareti solide, inferiate e magari una soffitta con scala a scomparsa. Non uscite se non strettamente necessario, del cane in giardino non vi preoccupate tendenzial-mente i cani non sono mangiati dagli zombie, e comunque potevate insegnargli a rispondere ai vostri richiami. Se poi vostro figlio sta giocando sull'altalena portatelo in casa. Se malauguratamente siete soli in caso di incontro con uno zombie, se ve la sentite affrontatelo senza avvicinarvi troppo, utiliz-zate un'arma che consenta una distanza di sicurezza (ognuno ha la sua preferita, se siete scaltri e siete nati per eliminare gli zombie andrà bene anche un cacciavite). Ricordate che uno zombie non ha mai paura e non indietreggerà mai, colpitelo con sicurezza alla testa e se non avete abbastanza esperienza fatelo alle gambe, questo ridurrà la sua capacità motoria, dopo di che... un colpo al cervello. Non fate l'errore di tagliare teste ed esultare mentre la testa mozzata vi morde un calcagno... da un'orda di zombie fuggite a meno che non siate in gruppo e ben preparati e equipaggiati. Le armi servono sempre ma quando possibile non utilizzatele, risparmiate proiettili e inoltre gli spari attirano altri zombie.

Limitate gli accessi alla casa. Non fate rumori, non cantate, non attirate l'attenzione sulla casa, non date feste dopo il tramonto, la luce, i suoni e i rumori attirano gli zombie, dovete dare l'impressione che il vostro rifugio/casa sia disabitato. Procuratevi una radio e delle ricetrasmittenti. Probabilmente le comunicazioni radio televisive cesseranno in breve tempo, ma finché dura... Tenetevi in forma, correte in casa, se avete il tapis roulant bene, altri-menti procuratevene uno perché non potrete fare jogging all'esterno (zombieland docet). Razionate le scorte per evitare di uscire spesso per procurarvi cibo, e se qualcuno nella casa mangia troppo, mandatelo a buttare la spazzatura, bendato. Se proprio dovete uscire, procuratevi dei brandelli di zombie da utilizzare come sciarpa, o come soprabito, l'odore putrescente li terrà lontani. Non fidatevi degli umani intorno a voi, siete delle prede, partite da questo presupposto. Prendiamo a spunto il libro di Corman Mc Carthy, The Road[13], in una non ben specificata apocalisse, abbiamo uomini che disperatamente cercano di sopravvivere in un mondo devastato; in questo panorama di distruzione anche gli uomini diventano un pericolo, predatori e prede si separano, la stessa specie diventa motivo di estinzione.

In molti film il degrado umano è raccontato con crudezza, nel Giorno degli Zombie di Romero del 1985, è chiaro l'intento di comunicare quali conseguenze

---

[13] Corman McCarhty La strada 2007 I Coralli Einaudi.

letali possa avere un'apocalisse sui comportamenti degli umani, ridotti a schiavi dei loro stessi istinti, prede non solo degli zombie, ma soprattutto di una sottile crudeltà sadica che li allontana sempre di più dalla salvezza.

Una volta trascorso un ragionevole tempo entro il quale nessuna forza armata è arrivata a soccorrervi, prendete in seria considerazione l'ipotesi di muovervi e cercare una destinazione definitiva (le scorte di cibo e acqua non saranno eterne). L'ideale sono le alture, luoghi freddi nei quali gli zombie (che non avranno premura di coprirsi o rifugiarsi) potranno congelare. Quindi organizzatevi con il necessario, trovate un mezzo di trasporto massiccio e ben alimentato e mettetevi in marcia. Nel vostro cammino incontrerete altri soprav- vissuti, alcuni rappresenteranno una minaccia, evitateli e cercate di fuggire, altri, se il vostro lato umano è stato preservato li aiuterete (a meno che questo non compro- metta la vostra sicurezza e quella dei vostri cari). Considerate che il carburante del vostro mezzo finirà e non potete rischiare di restare a piedi e bloccati senza vie di fuga, perché gli zombie non vi lascerebbero uscire dall'auto e resterebbero in attesa barcollanti e urlanti per giorni (e voi morireste di fame).

Se la fortuna e il buon senso vi assiste troverete un punto di raccolta con altri sopravvissuti. Lì dovrete contribuire a rendere il vostro un rifugio a prova di zombie, alzate mura solide, restate in alto, imparate a ottenere il massimo dalle poche risorse a disposizione e buona fortuna.

14. Divagazioni e ringraziamenti

L'idea di realizzare un saggio sui miti dei morti viventi è nata in seguito all'invito, graditissimo, a partecipare alla Zombie Walk di Gradara lo scorso settembre 2014. Le due giornate organizzate da Il comune di Gradara e Gradara Innova, in collaborazione con Zombie Walk Italia ©, Thaurwath Atanvar e Taverna del Luppolo Gradara, una dedicata agli zombie e l'altra ai "succhiasangue", sono state un modo concreto per conoscere e approfondire il tema del "revenant". A Gradara la marcia degli zombie è stata un modo per fantasticare, giocando ai ruoli canonici del cacciatore e della preda, che a volte si sono confusi, regalando a migliaia di partecipanti giornate indimenticabili.

Noi ci siamo lasciate cullare dal gioco, dedicando una parte del pomeriggio a una conferenza sugli zombie. E proprio da quella conferenza, dal seme di una partecipazione, è nato il desiderio di approfondire un argomento interessantissimo, sia dal punto di vista culturale, sia da un punto di vista antropologico e storico, con radici profonde nel passato di popoli apparentemente lontani tra loro. Il mito dello zombie è onnipresente, in rete, al cinema, nella letteratura e i fenomeni di gioco collettivo, di cosplay, sono in crescita. Gradara ha dato vita poi a pagine sui social network[14] di approfondimento, concorsi fotografici (di cui pubblichiamo uno stralcio di giornale tratto da Il Resto del Carlino dello scorso anno). Insomma i morti viventi sono ovunque, in caso di apocalisse è tutto chiaro, le armi sono

---

[14]   https://www.facebook.com/pages/Zombie-WALK-Gradara/676069745736461?fref=ts

pronte, i bambini al sicuro… procediamo con le divagazioni.

A proposito di social network, in rete impera un simpatico ragazzo americano, che con la qualifica di Vegan Zombie[15] organizza viaggi culinari, rigorosamente vegan, guide di cucina, video informativi, il tutto per sopravvivere all'apocalisse in arrivo. Sulla sua pagina di facebook[16] ospita eventi, marce, presentazioni che abbiano a tema i morti viventi, con l'occasione fa divulgazione animalista in maniera ironica, raccogliendo in pochi anni più di 50.000 *like*.

Per chi vuole tenersi aggiornato sulle marce, le cosiddette Zombie Walk, che invadono l'Italia, esiste un sito che raccoglie le informazioni di tutto ciò che "fa zombie", *zombiewalkitalia.com.*

La fantasia è il punto di partenza per una vita equilibrata e "viaggiare" nel sovrannaturale scarica l'essere umano da tutta l'aggressività accumulata nel

---

[15]http://theveganzombie.com/,
Cook & Survive, Cook Book & Graphic Novel.
[16]https://www.facebook.com/Zombie Gate?fref=ts

quotidiano. Il viaggio nella terra dei morti viventi volge al termine a ritmo di blues o di percussioni tribali (quello che si preferisce insomma). Un viaggio fatto di musica, di gioco, di racconti, di miti e di reali pericoli, durante il quale riflettere sulla transitorietà della vita e godersi il cielo e i tramonti sul mare, la bellezza delle stagioni, assaporare i particolari che puntano dritti al cuore, per non perdere nemmeno un secondo di tutte le meraviglie della natura, recuperando la saggezza e la possibilità di essere migliori. Se poi l'apocalisse arriva, be' facciamo del nostro meglio per non diventare peggio degli zombie.

ZOMBIE WALK I migliori scatti sono di Walter Palombi, Maria Teresa de Carolis, Tommaso Cocon, e Roberto Colicigno

GRADARA INTANTO PREMIATE LE MIGLIORI FOTO SULL'EVENTO DEGLI ZOMBIE

In Rocca tanta voglia d'autunno

«NIENTE paura»: a Gradara per il prossimo appuntamento organizzato dall'amministrazione. «Il Solstizio d'autunno», previsto in calendario tutti i venerdì, dal 31 ottobre al 12 dicembre, di zombie e vampiri non ci sarà nemmeno l'ombra. Della manifestazione "Zombie walk" e "Gradara: Porta Inferi 2014" sono rimaste le immagini vincitrici del concorso fotografico a tema, coordinato dal professionista Marco Sensoli, pubblicate qui sopra e sul sito web del nostro giornale all'indirizzo www.ilrestodelcarlino.it/Pesaro. Loro, gli autori degli scatti più suggestivi, apprezzati dal sindaco di Gradara, Franca Foronchi e dal presidente di Gradara Innova,

Andrea De Cresentini, sono Tommaso Cocon, Walter Palombi, Maria Teresa de Carolis e Roberto Colicigno.

«A DECRETARE i vincitori — spiega Foronchi — sono stati i visitatori della pagina facebook dedicata all'evento che a forza di "like" hanno eletto le foto selezionate. E non solo: con 238 like ricevuti, a conquistare il primato delle produzioni video, sono stati Lorenzo Scappini ed Eleonora Calesini dell'associazione Toby Dammit. Un ringraziamento — conclude il sindaco — va a Sensoli e a Mauro del Magna». Tornando al prossimo appuntamento, che riprende in chiave autunnale l'omo-

nima kermesse gradarese con menù a 15 euro nei ristoranti convenzionati, al «Solstizio d'autunno», per la prima data: «i visitatori fino alle 21,30 potranno fare il giro della Rocca e con lo stesso biglietto d'ingresso (4 euro) alle ore 20, assisteranno al concerto per flauto e clavicembalo "Splendori barocchi" in programma nel cortile d'onore ad opera dei musicisti Willem Peerik e Anna Colacioppos. Per promuovere le aperture serali della Rocca, visitabile fino alle 21,30 tutti i venerdì dal 31 ottobre al 12 dicembre, al prezzo del biglietto d'ingresso darà modo di ascoltare un concerto diverso.

s.v.z.

DALLA PRIMA FERROVIE, STRADE, MUSEI INESISTENTI. E LA QUESTURA BALLERINA

L'aggettivo statale da queste parti è desueto

(dalla prima)
VISTO che...   mo difendere con i nostri soldi i bronzi a Pergola

Il Resto del Carlino 24 Ottobre 2014

FONTI (wikipedia)

Narrativa

- *Epidemia Zombie* (2013) di Z.A. Recht
- *La clessidra infranta* (2013) di J.L. Bourne
- *Oltre l'esilio* (2013) di J.L. Bourne
- *Diario di un sopravvissuto agli zombie* (2013) di J.L. Bourne
- *The Enemy* (2009) di Charlie Higson
- *The Dead* (2010) di Charlie Higson
- *La notte dei morti viventi* (1974), di John Russo, novellizzazione del film omonimo
- Il libro dei morti viventi (1989), antologia a cura di John Skipp e Craig Spector, Bompiani (ISBN 88-452-4572-1)
- Pet Sematary (1983) di Stephen King; Sperling & Kupfer, 1985
- H.P.Lovecraft Tutti i racconti 1897-1922 Fuori Collana Club degli editori 1993
- La casa della morte, collana Piccoli brividi, (1994), di R. L. Stine, Mondadori (ISBN 88-04-38779-3)

- *George A. Romero. La notte dei morti viventi* (1998), di Dario Buzzolan, Lindau (ISBN 88-7180-234-9)
- *Dossier Zombi*, inserto di Urania n. 1233 (1993), Mondadori, completo di filmografia mondiale.
- Manuale per sopravvivere agli zombi (2006), di Max Brooks, Einaudi (ISBN 88-06-17518-1)
- Zombi Island (2007), di David Wellington, Mondadori (ISBN 88-04-56326-5)
- World War Z. La guerra mondiale degli zombi (2007), di Max Brooks, Einaudi (ISBN 978-88-7394-072-2)
- L'estate dei morti viventi *di* John Ajvide Lindqvist *uscito in Italia nel maggio 2008, Marsilio editori*
- Monster Nation (2009), di David Wellington, Epix (Mondadori)
- Monster Planet (2009), di David Wellington, Epix (Mondadori)
- Orgoglio, pregiudizio e zombie *di* Seth Grahame Smith *uscito in Italia nel novembre 2009, casa editrice Nord s.u.r.l.*

- Apocalisse Z di Manel Loureiro uscito in Italia nel novembre 2010, casa editrice Nord s.u.r.l.
- Apocalisse Z: i giorni oscuri di Manel Loureiro uscito in Italia nel luglio 2013, casa editrice Nord s.u.r.l.
- Apocalisse Z: l'ira dei giusti di Manel Loureiro uscito in Italia nel luglio 2013, casa editrice Nord s.u.r.l.
- Sopravvissuti di Matteo Cortini e Leonardo Moretti, uscito nel settembre 2010, casa editrice Asengard.
- L'alba degli zombie. Voci dell'Apocalisse: il Cinema di George Romero *di Danilo Arona, Selene Pascarella e Giuliano Santoro, aprile 2011, per i tipi di Gargoyle*
- Zombi - Dawn of the dead: il libro in uscita nel 2011, di Giovanni Aloisio e Lorenzo Ricciardi, ed. Unmondoaparte.
- Warm Bodies in uscita il 28 ottobre 2011, di Isaac Marion, Fazi Editore.

- La foresta degli amori perduti in uscita nel 2011, di Carrie Ryan, Ed. Fanucci.
- Rot & Ruin 2011, di Jonathan Maberry, Ed. Delosbooks.
- Il primo giorno 2011, di Rhiannon Frater, Ed. Delosbooks.
- Gli zombi non piangono 2011, di Rusty Fischer, Ed. Giunti.
- *Domani. Cronaca del contagio*, di Massimo Spiga, uscito nel 2013, Arkadia Editore.
- George Romero. La notte dei morti viventi Dario Buzzolan , lindau Collana Universale Film 2009

Romero

- La notte dei morti viventi (*Night of the Living Dead*, 1968)
- Zombi (*Dawn of the Dead*, 1978)
- Il giorno degli zombi (*Day of the Dead*, 1985)
- La terra dei morti viventi (*Land of the Dead*, 2005)
- Diary of the Dead - Le cronache dei morti viventi (*Diary of the Dead*, 2007)

- Survival of the Dead - L'isola dei sopravvissuti (*Survival of the Dead*, 2009)

Remake

- *La notte dei morti viventi* (*Night of the Living Dead*, 1990) di Tom Savini
- *L'alba dei morti viventi* (*Dawn of the Dead*, 2004) di Zack Snyder
- *La notte dei morti viventi 3D* (*Night of the Living Dead 3D*, 2006) di Jeff Broadstreet
- *Day of the Dead*, (2008) di Steve Miner

Film italiani

- L'ultimo uomo della Terra (1964) di Ubaldo Ragona, film post apocalittico, tratto dal romanzo Io sono leggenda di R. Matheson.
- Non si deve profanare il sonno dei morti (1974) di Jorge Grau, riedito nel 1976 e nel 1980 con i titoli Da dove vieni e *Zombi 3*.
- Zombi 2 (1979) di Lucio Fulci

- Io zombo, tu zombi, lei zomba (1979) di Nello Rossati: sulla scia dei successi di Fulci e Romero il fenomeno fa da cornice a degli episodi comici.
- Incubo sulla città contaminata (1980) di Umberto Lenzi
- Le notti del terrore (1980) di Andrea Bianchi
- Zombi Holocaust (1980) di Marino Girolami
- Le notti erotiche dei morti viventi (1980) di Joe D'Amato: una contaminazione tra horror e porno.
- Paura nella città dei morti viventi (1980) di Lucio Fulci
- Virus - L'inferno dei morti viventi (1980) di Bruno Mattei
- Quella villa accanto al cimitero (1981) di Lucio Fulci
- Zeder (1983) di Pupi Avati
- Fracchia contro Dracula (1985) di Neri Parenti: pur non essendo un film tipicamente di genere "zombi", sono comunque presenti dei morti viventi; inoltre vengono riproposte delle scene del film "Il ritorno dei morti viventi".
- Dèmoni (1985) di Lamberto Bava

- Dèmoni 2 - L'incubo ritorna (1986) di Lamberto Bava
- Killing Birds (1987) di Claudio Lattanzi
- Zombi 3 (1988) di Lucio Fulci, Bruno Mattei e Claudio Fragasso
- After Death (Oltre la morte) (1989) di Claudio Fragasso
- Dellamorte Dellamore (1994) di Michele Soavi
- Eaters (2011) di Marco Ristori e Luca Boni
- Una notte da paura (2011) di Claudio Fragasso

Altri film

- L'isola degli zombies (*White Zombie*, 1932) di Victor Halperin primo film sonoro riguardante gli zombi.
- Ho camminato con uno zombie (*I Walked with a Zombie*, 1943) di Jacques Tourneur
- Il segreto di Mora Tau (*Zombies of Mora Tau*, 1957) di Edward L. Cahn
- L'isola stregata dagli zombies (*Voodoo Island*, 1957) di Reginald Le Borg

- La lunga notte dell'orrore (*Plague of the Zombies*, 1965) di John Gilling primo film a colori su questo tema.
- Le tombe dei resuscitati ciechi (*La noche del terror ciego*, 1971) di Amando de Ossorio
- La città verrà distrutta all'alba (*The Crazies*, 1973) di George A. Romero
- 1975: Occhi bianchi sul pianeta Terra (*The Omega Man*, 1973) di Boris Sagal
- La casa degli zombi (*The child*, 1978) di Robert Voskanian
- Phantasm (1979) di Don Coscarelli
- Il cervello dei morti viventi (1980) di P. Sasdy
- Il ritorno degli zombi (1980) di Charles McCrann
- Zombie Lake (*Le lac des morts vivants*, 1981) di Jean Rollin
- La tumba de los muertos vivientes (1981) di Jesús Franco
- La mansion de los muertos vivientes (1982) di Jesús Franco
- Creepshow (1982) di George A. Romero, film horror diviso in cinque episodi, due dei quali ('La festa del papà' e

'Something to Tide You Over') hanno come protagonisti degli zombi vendicativi.

- Il ritorno dei morti viventi (*The Return of the Living Dead*, 1985) di Dan O'Bannon
- Re-Animator (*Re-Animator*, 1985) di Stuart Gordon
- Dimensione terrore (*Night of the Creeps*, 1986) di Fred Dekker
- I ragazzi del cimitero (*I Was a Teenage Zombie*, 1987) di John Elias Michalakis
- Non aprite quel cancello (*The Gate*, 1987) di Tibor Takacs
- Il ritorno dei morti viventi 2 (*The Return of the Living Dead Part II*, 1988) di Ken Wiederhorn
- Il serpente e l'arcobaleno (*The Serpent and the Rainbow*, 1988) di Wes Craven
- Phantasm II (1988) di Don Coscarelli
- Cimitero vivente (*Pat Sematary*, 1989) di Mary Lambert
- Re-Animator 2 (*Bride of the Re-Animator*, 1990) di Brian Yuzna
- Due occhi diabolici (1990) di George A. Romero e Dario Argento
- Zombie 90 - Extreme Pestilence (1991) di Andreas Schnaas

- Zombie News (1991) di Malcolm Marmorstein
- Splatters, gli schizzacervelli (*Braindead*, 1992) di Peter Jackson
- Cimitero vivente 2 (*Pat Sematary 2*, 1992) di Mary Lambert
- Il ritorno dei morti viventi 3 (*The Return of the Living Dead 3*, 1993) di Brian Yuzna
- Phantasm III: Lord of the Dead (1994) di Don Coscarelli
- Phantasm IV: Oblivion (1998) di Don Coscarelli
- I Zombie: A Chronicle of Pain (1999) di Andrew Parkinson
- Island of the Dead (2000) di Tim Southam
- Plaga zombie: Zona mutante (2001) di Pablo Parés ed Hernán Saéz
- Fantasmi alla riscossa (*When good ghouls go bad*, 2001) di Patrick Read Johnson
- 28 giorni dopo (2002) di Danny Boyle
- Resident Evil (2002) di Paul Anderson
- Undead (2003) di Michael & Peter Spierig

- House of the Dead (2003) di Uwe Boll
- Beyond Re-Animator (2003) di Brian Yuzna
- Zombie Hospital (2003) di Elza Kephart
- Maial Zombie - Anche i morti lo fanno (2004) di Mathias Dinter
- Ghost Lake (2004) di Jay Woelfel
- Curse of the Maya (2004) di David Heavener
- Resident Evil: Apocalypse (2004) di Alexander Witt
- L'alba dei morti dementi (*Shaun of the Dead*, 2004) di Edgar Wright
- Zombie honeymoon (*Zombie Honeymoon*, 2004) di David Gebroe
- Vampires vs. Zombies (2004) di Vince D'Amato
- Dead Meat (2004) di Conor McMahon
- Infestation (2005) di Edward Evers-Swindell
- Day of the Dead 2: Contagium (2005) di Ana Clavell e James Glenn Dudelson
- The House of the Dead 2 - Contagio Finale (*Severed aka Severed: Forest of the Dead*, 2005) di Carl Bessai

- City of the Dead - La morte viene dallo spazio (*Last Rites*, 2006) di Duane Stinnet
- Zombie Self-Defense Force - Armata mortale (*Zonbi jieitai*, 2006) di Naoyuki Tomomatsu
- Slither (2006) di James Gunn
- Cacciatori di zombi (*House of the Dead 2: Dead Aim*, 2006) di Michael Hurst
- Zombies - La vendetta degli innocenti (*Wicked Little Things*, 2006) di J.S. Cardone
- Fido (2006) di Andrew Currie
- Automaton Transfusion (2006) di Steven C. Miller
- The Zombie Diaries (2006) di Michael Bartlett e Kevin Gates
- Planet Terror (2007) di Robert Rodríguez
- Undead or Alive - Mezzi vivi e mezzi morti (2007) di Glasgow Phillips
- 28 settimane dopo (2007) di Juan Carlos Fresnadillo
- Resident Evil: Extinction (2007) di Russell Mulcahy
- REC (2007) di Paco Plaza e Jaume Balagueró

- Io sono leggenda (2007) di Francis Lawrence
- Plane dead - Flight of the living dead (2007) di Scott Thomas, ancora inedito in Italia.
- Poultrygeist: Night of the Chicken Dead (2007) di Lloyd Kaufman
- Zombie Strippers (2008) di Jay Lee
- Mutant Chronicles (2008) di Simon Hunter: in questo film, una macchina aliena trasforma le persone in mutanti, resuscitando perfino i cadaveri.
- Zombi Nation (2008) di Ulli Lommel
- The Vanguard (2008) di Matthew Hope
- Insanitarium (2008) di Jeff Buhler
- Resident Evil: Degeneration (2008) di Makoto Kamiya: Film giapponese girato completamente in computer grafica. Il film, a differenza della saga interpretata daMilla Jovovich, segue le vicende e la linea temporale della saga videoludica, contribuendo a fare maggiore chiarezza su alcuni eventi rimasti insoluti.
- Last Night - Morte nella notte (2008) di Richard Crudo
- Dead Girl (2008) di Marcel Sarmiento e Gadi Harel

- Pontypool - Stai zitto o muori (2008) di Bruce McDonald
- Quarantena (*Quarantine*, 2009) di John Erick Dowdle
- Mutants (2009) di David Morley
- Dead Snow (2009) di Tommy Wirkola
- Dead Air (2009) di Corbin Bernsen, ancora inedito in Italia.
- REC 2 (2009) di Paco Plaza e Jaume Balagueró
- Benvenuti a Zombieland (2009) di Ruben Fleischer
- Zone of the dead (2009) di Milan Konjevic, Milan Todorovic, ancora inedito in Italia.
- Resident Evil: Afterlife (2010) di Paul Anderson
- The Horde (*La Horde*, 2010) di Yannick Dahan e Benjamin Rocher
- Dylan Dog - Il film (*Dylan Dog: Dead of Night*, 2010) di Kevin Munroe: pur non essendo il tema principale di questo film, gli zombi sono comunque presenti e hanno molte delle caratteristiche degli zombi hollywoodiani, come quella di contagiare col morso o di morire solo se colpiti alla testa.

- La città verrà distrutta all'alba (The Crazies) (2010) di Breck Eisner
- Quarantine 2 - Terminal (2011) di John Pogue
- The Dead (2011) diretto da Howard J. Ford, Jonathan Ford
- Pirati dei Caraibi - Oltre i confini del mare (2011)diretto da Rob Marshall
- 2012: Zombie Apocalypse (2011) diretto da Nick Lyon
- Resident Evil: Retribution (2012) di Paul Anderson
- Resident Evil: Damnation (2012)
- World War Z (2013)
- Warm Bodies (2013)

Radio

Zombie: un programma radiofonico di Diego Cugia, in onda su Radio24 a partire da gennaio 2006.

Fumetti

L'alba dei morti viventi, numero 1 della collana Dylan Dog.

- Zombie, un personaggio della Marvel Comics.
- Marvel Zombi, miniserie del 2005 ambientata in un universo alternativo della Marvel Comics.
- The Walking Dead, serie a fumetti iniziata nel 2003, scritta da Robert Kirkman e disegnata da Tony Moore e Charlie Adlard, pubblicata da Image Comics e tradotta in italiano dall'editore saldaPress.
- Zombie-Loan,manga di PEACH-PIT

Serie TV

The Walking Dead: serie TV (in corso) ispirata all'omonimo fumetto.
- In the Flesh: serie TV (in corso).
- Dead Set: miniserie TV di 5 episodi (1ª stagione)

Videogiochi

7 Days to Die
- Bye Bye Brain
- Call of Duty: World at War
- Call of Duty: Black Ops
- Call of Duty: Black Ops 2
- DayZ (Arma 2 Mod)
- Dayz (Standalone)
- Dead Island
- Dead Island Riptide
- Dead Rising
- Dead Rising 2
- Dead Rising 2:Off The Record
- Dead Rising 3
- Dying Light
- How To Survive
- Left 4 Dead
- Left 4 Dead 2

- Plants VS Zombies
- *Plants VS Zombies 2: It's about time*
- *Project Zomboid*
- Resident Evil
- Resident Evil 2
- Resident Evil 3: Nemesis
- Resident Evil 4
- Resident Evil 5
- Resident Evil 6
- Resident Evil: Revelations
- Resident Evil: Operation Raccoon City
- Resident Evil: Code Veronica
- Rust
- State of Decay
- The House of the Dead
- The Last of Us
- The Walking Dead - A Telltale Games series
- The Walking Dead: Surival Instinct
- ZombiU
- S.T.A.L.K.E.R.: Shadow of Chernobyl
- Half-Life

Le autrici

Barbara de Carolis nasce in un ospedale romano dopo aver occupato il ventre materno per ben dieci mesi. Ultima di cinque figli, trascorre l'infanzia nella Roma degli anni '80 tra biciclette, tanti amici, film horror e partite a pallavolo. Frequenta il liceo artistico e si laurea in Storia moderna e contemporanea. Mamma, vegetariana dall'adolescenza, ama il mondo del cinema e della letteratura fantastica a tutto tondo. Ha iniziato a scrivere per diletto, ha collaborato con La Repubblica, svariati quotidiani locali e on-line, occupandosi prevalentemente di recensioni e articoli a carattere culturale, è presente nella collana "Strani bambini" a cura di Cinzia Tani, è stata selezionata per le antologie di fantascienza NASF 7 (Tribute) e Scritture Aliene (Albo n° 8), nel 2012 si è classificata al secondo posto al Premio Nazionale di Letteratura "Kataris". Attualmente si occupa di Risorse Umane per un importante Gruppo Editoriale e collabora con due blog letterari.

Maria Teresa de Carolis nasce a Roma e passa la sua infanzia tra cantate di Bach e passeggiate col papà appassionato di musica classica e chiese. Dopo le superiori si diploma all'Accademia d'Arte drammatica "Pietro Sharoff" di Roma, dove studia il metodo Stanislawskij. Debutta a Teatro come professionista con "Amadeus" di Peter Shaffer per la regia di Mario Missiroli. Seguono anni di fatiche teatrali; lavora con Giuseppe Cederna, Remo Girone, Umberto Orsini, Karl Zinny, Vittoria Zinny, Elisabetta de Palo, Dominic de Fazio, Anatoli Vassil'ev, Nina Soufy, Andju Ormeloh, Gaetano Lembo, Carlotta Natoli.

Docente di laboratori teatrali. Scrive racconti e testi teatrali da sempre. Ha pubblicato una serie di racconti inediti per il Corriere di Arezzo; è presente nella raccolta "Strani Bambini" a cura di Cinzia Tani. Ha collaborato con Repubblica come free lance nell'inserto Affari e Finanza. Pubblica poesie con Paolina Carli all'interno della rassegna "Riviviamo il centro Storico", con il suo workshop annuale di poesia contemporanea. Scrive editoriali on line, principalmente su ambiente e diritti animali. Collabora saltuariamente con la rivista mensile AAM Terranuova.

Vegan e attivista. Dal 2009 si occupa di deforestazione e specie a rischio. Nel 2010 scrive un articolo in collaborazione con il docente Paolo Sospiro sulla responsabilità sociale delle imprese e viene selezionato alla Conferenza Internazionale Global Compact Network. Nel 2013 partecipa come autrice al documentario "Professione Remotti" di Silvio Montanaro.

Appassionata video maker.

Ha due figli, Orlando e Valentina.

<u>www.mariateresadecarolis.it</u>

SAGGISTICA
– EDIZIONI –
IMPERIUM

Ustica
Storia del Volo Itavia 870
di J. K. Larson

****

11 Settembre
attacco al potere
di J. K. Larson

****

Ecofilia, ecologia e trasformazione
a ritmo dei suoni della Natura
di Maria Teresa de Carolis

****

L'ultimo secolo di Roma
una storia di possibilità perdute (375-476)
di Claudio Cordella

****

Anime Robotiche
l'evoluzione della psicologia dei
protagonisti negli anime robotici
di Claudio Cordella

****

Web 2.0
le nuove metodologie di
produzione audiovisiva
di Leonardo Sciancalepore

****

Universal Robots
La civiltà delle macchine
di Silvia Milani

****

Saggio Atomico
manuale per gestire il terrore di
Chernobyl e Fukushima
di Roberto Canesi

****

Morti sul lavoro
la punta dell'iceberg
di Roberto Canesi

****

Cosplay
arte ludica contemporanea
di Anna Castelli

****

Titanic
coordinate impatto 41° 46' N - 50° 14' O
di Maria Teresa de Carolis

****

Alba Zeta
Letteratura, cinema e curiosità per
sopravvivere all'apocalisse zombie
di Barbara de Carolis e
Maria Teresa de Carolis

Elenco completo delle pubblicazioni e delle
altre collane sul sito
www.edizioniimperium.com

Opera pubblicata e stampata in EU da Lulu Press Inc.
fiscalmente rappresenta conformemente all'art. 17 comma 3 DPR 633/72 da
KPMG Fides Servizi di Amministrazione SpA,
Via Vittor Pisani, 27 – 20124 Milano (MI) – Italia
Partita IVA 07301070962

2015 © Barbara e Maria Teresa de Carolis
copertina © Grafica Zagato
immagine di copertina © Leonardo Mattioli

Sede legale: P.zza Martiri di Via Fani, 90
20099 Sesto San Giovanni (Milano) – Italia
Partita IVA 08742140968

www.edizioniimperium.com

www.ingramcontent.com/pod-product-compliance
Lightning Source LLC
Chambersburg PA
CBHW070302290526
45791CB00003B/1046